AF257684

LES FONCTIONNAIRES & LES DÉPUTÉS

MONOGRAPHIE

DE LA FAVEUR ET DE LA RECOMMANDATION

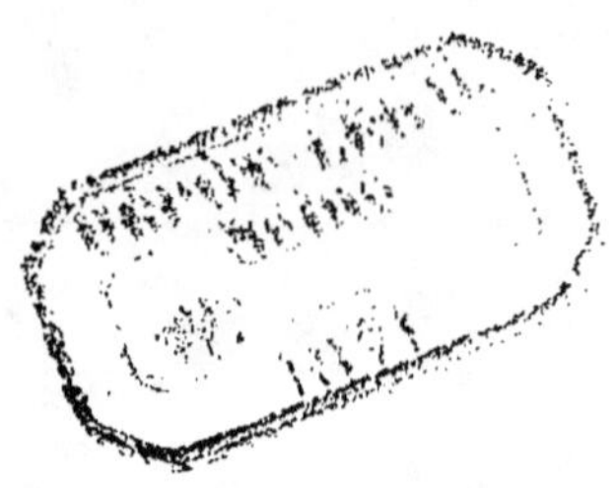

LES FONCTIONNAIRES

ET

LES DÉPUTÉS

MONOGRAPHIE

DE LA

FAVEUR ET DE LA RECOMMANDATION

Prix : **UN FRANC**

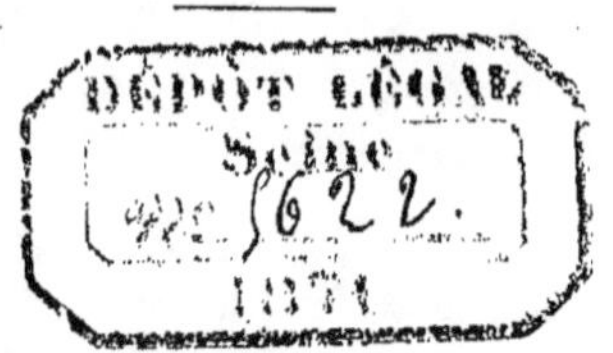

PARIS

E. LACHAUD, LIBRAIRE-ÉDITEUR

PLACE DU THÉATRE-FRANÇAIS, 4

1871

LES FONCTIONNAIRES & LES DÉPUTÉS

MONOGRAPHIE

DE LA FAVEUR ET DE LA RECOMMANDATION

SOMMAIRE : Anciennes opinions sur le peuple français. Montaigne, La Bruyère, Saint-Simon, Voltaire. — Le duc de Vendôme et Napoléon III. — Les fonctionnaires. — Ce qu'ils sont — M. de Morny. — Les employés parisiens sous la *Commune*. — L'opinion politique des fonctionnaires. — Dispositions de l'Empereur à leur égard. — Le principe d'autorité. — Comment il le releva. — Mission assignée aux Préfets et à la Gendarmerie. — 600,000 ! — La *Revue des Deux-Mondes* et le fonctionnarisme. — Comment M. Magne améliora le sort de tous les employés. — Le *Figaro* et l'inspection des Finances. — Cour des Comptes. — Conseil d'État. — Son rôle. — M. le vicomte de Cormenin. — Honorabilité générale des fonctionnaires français. — Comment c'est sur les *hauteurs* que l'air est le moins pur. — Rapport de M. Riant. — Il honore le régime parlementaire. — Les carrières publiques. — Comment on ne prend pas 100 fr. et comment on en prend 60,000. — Les Trésoreries générales. — La fille à marier avec l'argent de l'État. — Cela se pratiquait *sous l'Empire.* — M. Pouyer-Quertier. — *Protestations* en vers et en 1870. — M. Alphonse Karr. — Les figures de *basco mimis* — Le cabinet particulier. — Son rôle principal. — Conseil par La Bruyère. — La messe des Tuileries. — Le ministère de la justice. — M. Baroche. — M. Émile Ollivier et les *toiles d'araignée.* — Inondation de ses recommandations officieuses. — M. Ad. Guéroult. — *Le doigt sur la plaie.* — Les ministres imitent M. Ollivier, qui imitait M. Baroche — Le général Cavaignac. — M. Thiers. — *Page blanche* noircie par M. Barthélemy Saint-Hilaire. — M. Guizot et ses apostilles. — Ingéniosité de M. Ernest Picard. — Comment M. Léon Gambetta se livre à l'apostille — M. Louis Blanc. — Ce qu'il a écrit des soldats de la *Commune*

LES FONCTIONNAIRES & LES DÉPUTÉS

Montaigne a dit : « Nous voyons qu'il n'est rien de si gentil que les petits enfants en France : mais ordinairement ils trompent l'espérance qu'on en a conçeuë, et hommes faicts, on n'y voit aucune excellence..... Un pur courtisan ne peut avoir ny loy ny volonté de dire et penser que favorablement d'un maistre qui, parmy tant de milliers d'austres subjects, l'a choisi pour le nourrir et l'élever de sa main. Cette faveur et utilité corrompent sa franchise et l'esblouissent. »

La Bruyère a dit : « Du même fonds d'orgueil dont l'on s'élève fièrement au-dessus de ses inférieurs, l'on rampe vilement devant ceux qui sont au-dessus de soi. C'est le propre de ce vice qui n'est fondé ni sur le mérite personnel ni sur la vertu, mais sur les richesses, les postes, le crédit et sur de vaines sciences, de nous porter également à mépriser ceux qui ont moins que nous de cette espèce de biens, et à estimer trop ceux qui en ont une mesure qui excède la nôtre..... Il y a des âmes sales, pétries de boue et d'ordures, éprises du gain et de l'intérêt, comme les belles âmes le sont de la gloire et de la vertu ; capables d'une seule volupté, qui est celle d'acquérir et de ne point perdre..... De telles gens ne sont ni parents, ni amis, ni citoyens, ni chrétiens, ni peut-être des hommes : ils ont de l'argent. »

Le duc de Saint-Simon, dans une petite phrase aussi incorrecte que sanglante, s'est exprimé ainsi à l'égard du duc de Vendôme et de la nation française : « Il connut et abusa plus que personne de la bassesse du Français. »

Quelqu'un — qui a eu plus d'esprit que tout le monde — Voltaire ne s'est-il pas écrié : Peuple de polichinelles !....

**

Si le prodigieux écrivain des *Mémoires* avait vécu sous le second Empire, il n'eût pas eu grand'peine à rectifier sa phrase, et il n'est pas improbable que, dans son hyperbole misanthropique, il l'eût appliquée à Napoléon III.

**

Les appréciations de ces grands esprits seraient-elles à moitié fondées qu'on pencherait à croire que les fonctionnaires, par la subordination naturelle de leur rôle public, méritent surtout une telle sévérité de jugement. C'est une erreur. Il y a chez eux moins de dépendance morale que dans la généralité des autres citoyens. — Se considérant comme les obscurs serviteurs de l'Etat, qui fournit à peine à la plupart des moyens d'existence, ils laissent passer les révolutions qui labourent la France, sans abandonner, avec chaque gouvernement qui tombe, leurs modestes et souvent laborieuses fonctions. Cependant, lorsqu'après le coup de force de Décembre, M. de Morny leur demanda de reconnaître immédiatement le pouvoir insurrectionnel, il y eut à Paris de telles résistances que le ministre de l'intérieur se vit contraint de renoncer à la mesure. Un peu plus tard, lorsque le peuple français eut passé l'éponge sur le crime, les fonctionnaires prêtèrent avec répugnance le serment que le violateur du serment exigea d'eux. Mais ne sait-on pas que, parmi les *non* qui protestèrent contre le coup d'Etat et contre l'Empire, beaucoup furent écrits par les fonctionnaires ?

C'est que les fonctionnaires appartiennent, en grande partie, à la classe moyenne. Or, il n'est pas douteux que, si l'électorat fût resté censitaire en 1848, le général Cavaignac eût été nommé président de la République. Il est moins douteux encore que le coup d'Etat et l'Empire se seraient trouvés en minorité devant le corps électoral.

***

Une seule révolution, celle de la Commune, ne put se rallier les employés parisiens. Tous, sauf une demi-douzaine de brebis galeuses, refusèrent de servir une insurrection triomphante, qui avait préludé par l'assassinat, pour finir par l'assassinat et l'incendie.

Tous abandonnèrent leurs fonctions.

Il y avait dans ce fait unique comme un verdict de condamnation à mort, prononcé par la conscience universelle des fonctionnaires contre le gouvernement de la Commune, mais la Commune ne comprit pas.

Elle n'avait pas compris non plus qu'au 18 mars le triomphe complet des fédérés de la garde nationale devait aboutir à l'abolition de la garde nationale elle-même.

***

Les fonctionnaires sont, en majorité, dans les idées de l'école libérale parlementaire. Non-seulement ils voient dans les gouvernements de liberté et de discussion le régime politique qui convient le mieux aux esprits élevés, mais, à leur point de vue personnel, ils y trouvent des garanties de contrôle et de publicité que la forme dictatoriale se plaît à leur refuser. Ils ont des tendances plutôt républicaines que monarchiques : toutefois, ils ne commettent pas la bêtise radicale et dangereuse de placer la République au-dessus du suffrage universel. C'est le système des théoriciens ineptes et sanglants qui, après la République, mettraient leur Commune au-dessus du même suffrage, au-dessus de la République, et, s'ils avaient le temps, inventeraient encore quelque chose de mieux après la Commune. Ce sont toujours les plus grands ennemis de la liberté en France. Ils sont, en dictature, les émules du Césarisme. Après 1848, ils voulurent ajouter à la République le mot : *démocratique* ; on l'accorde ; puis vient le mot : *sociale*. La Commune, en 1871, a couronné le tout. Le temps lui a manqué pour proclamer autre chose. C'est que, sous quelque forme qu'il se produise, l'ordre, pour ces cerveaux brûlés, est une calamité publique.

Par leur aversion spontanée contre le coup d'Etat et contre l'Empire, beaucoup de fonctionnaires, en dehors même du sentiment libéral et patriotique, semblaient avoir prévu que Napoléon III les abaisserait devant leur conscience.

La situation de l'Empereur vis-à-vis d'eux a été pressentie dans les lignes suivantes écrites dans un temps où l'on ne songeait guère à ces deux grands ennemis de la France, les Bonaparte et la Commune :

« ... Quoique les réflexions gâtent souvent les mémoires, il est difficile de s'empêcher d'en faire sur le renversement de toutes lois, droits et ordres pour des élévations sans mesure. Ceux qui les obtiennent regardent comme un ennemi tout ce qui n'approuve pas leur fortune, et comme des gens à perdre tous ceux qui, dans d'autres temps, les y pourraient troubler..... Ils craignent tout, ils se défient de tout, des hommes de sens et de courage, dont l'état est blessé de cette étrange élévation ; ils se croient tout permis contre eux, et la crainte de déchoir devient en eux une passion si supérieure à tout autre sentiment, qu'il n'est crime dont ils puissent avoir horreur dès qu'il devient utile à la conservation de ce qu'ils ont usurpé. » (*Saint-Simon.*)

Napoléon III avait proclamé qu'il voulait relever en France ce qu'on était convenu d'appeler le *principe d'autorité ;* or, il procéda de telle façon, qu'il commença par abaisser, comme tout le reste, les représentants de cette autorité : Chambre officielle, Conseil d'Etat, etc. Il mit les fonctionnaires sous la surveillance de la police. Les ministres furent prévenus qu'avant de statuer sur l'avancement d'un employé, ils devaient consulter le Préfet sur l'opportunité de la mesure au point de vue politique: consultation aussi humiliante pour les ministres que pour le préfet et pour l'employé. Et cela s'exécuta pendant des années, jusqu'à ce que la prescription eût fini par tomber en désuétude. S'agissait-il de savoir si la politique permettait de porter de 2,100 à 2,400 fr. le traitement d'un petit receveur de l'enregistrement exerçant au fond de la France, dans quelque village perdu? Le ministre écrivait à M. le préfet, qui en écrivait à M. le sous-préfet, qui en écrivait à M. le maire, qui en causait avec le garde-champêtre, lequel en conférait avec le brigadier de gendarmerie. La gendarmerie donnait son avis au garde-champêtre, qui le donnait à M. le maire, qui le transmettait au sous-préfet, qui le transmettait au préfet, qui le transmettait au ministre des finances. Il fallait donc que le malheureux receveur aspirant à cette humble promotion s'appliquât à cultiver les bonnes grâces des autorités communales et cantonales, sous peine de voir arrêter son avancement par des informations souterraines qui l'auraient représenté comme un adversaire du coup d'Etat. — Et voilà comme l'empereur Napoléon III releva le principe d'autorité.

****

Ce n'est pas tout. En dehors de cette police des préfectures, l'Empereur avait une police particulière qui correspondait directement avec le château, s'exerçait par le canal de la gendarmerie, (il y eut des récalcitrants) et se centralisait entre les mains d'un colonel de confiance. De temps en temps, les ministres recevaient des mains de l'Empereur un petit papier découpé dans l'état général. Il y était question d'un fonctionnaire mal pensant, contre lequel l'administration devait sévir : et on sévissait.

****

Bonaparte avilit les fonctionnaires en les plaçant sous la main de la police. — Il avilit le Conseil d'État en destituant les membres de cette assemblée qui n'avaient pas opiné pour la spoliation des biens de la famille d'Orléans. — Il avilit le Corps Législatif en créant la candidature officielle.

****

D'après M. Raudot, il existerait en France 600,000 fonctionnaires (c'est beaucoup), non compris 18.000 décorés de la Légion d'honneur et 15,000 cantonniers.

Sur ces 600,000 fonctionnaires (c'est trop), la *Revue des Deux-Mondes*, dans son numéro du 15 septembre 1871, a fait les révélations suivantes :

« C'est un principe admis dans les carrières libérales, aussi bien que dans l'industrie et le commerce, que l'homme sage et laborieux doit non-seulement vivre de son travail, mais encore économiser de façon à posséder, qui l'aisance, qui la richesse, vers 50 ou 60 ans. Dans les fonctions publiques, il n'en est pas de même. Si le travail est léger, la rémunération l'est aussi (légère) et, qui plus est, un faux point d'honneur exige qu'elle soit dépensée au jour le jour. Au bout de la carrière, l'employé de l'Etat n'a en perspective que la retraite, médiocre et précaire ressource de la vieillesse. »

A côté de cette banalité courante « que le travail des employés est *léger* », il faut admirer ce faux point d'honneur qui exige que les employés, ayant en général à peine de quoi vivre, dépensent leurs ressources au jour le jour !

Où diable le point d'honneur va-t-il se nicher !

*
* *

Il a été souvent question d'améliorer le sort de ces trop nombreux fonctionnaires, et il est juste de reconnaître que des efforts ont été faits en ce sens dans une certaine mesure. Mais, grâce au chiffre de cette immense armée, l'amélioration ne pouvait être que bien minime, sous peine d'entamer le trésor.

On fit grand bruit dans le temps d'augmentations de traitement que M. Magne aurait accordées aux agents de son service central. La vérité était que les émoluments des chefs de division avaient été portés de 12,000 à 15,000 fr. Le raisonnement était sans doute celui-ci : que tout le monde pouvant devenir chef de division, tout le monde pouvait bénéficier de la mesure. Mais, à ce compte, il aurait suffi d'augmenter le traitement de M. Magne.

* * *

Le *Figaro*, ou plutôt un rédacteur du *Figaro*, a pensé que la sup-pression de l'Inspection des finances diminuerait avantageusement cette formidable armée, et qu'elle deviendrait possible, aisée, iné-vitable, du moment qu'on arriverait, dans son système, à supprimer les recettes générales et les recettes particulières. Ce rédac-teur ne paraît pas se douter qu'en outre de ces emplois de tréso-rerie, l'Inspection des finances doit vérifier l'Enregistrement, les Contributions indirectes, les Postes, les Douanes, les Forêts, les Tabacs. Il serait plus simple de demander la suppression de tout contrôle financier. L'Inspection des finances pourrait sans doute être remplacée par quelques inspecteur spéciaux choisis dans chaque administration. Mais cette substitution aurait des inconvénients, en ce sens que chaque service resterait, en définitive, son propre juge. L'Inspection des finances a une origine plus indépendante et son action de contrôle s'exerce dès lors dans des conditions meil-leures. Le mal, comme le faisait observer l'*Opinion nationale*, qui défendait l'Inspection, c'est que trop souvent ses membres vien-nent prendre de hauts emplois, qui devraient être dévolus à la spé-cialité. Mais c'est là un vice français, qui tient à la répartition arbitraire des fonctions publiques : au lieu d'un inspecteur des finances, M. Fould prenait un de ses familiers ; au lieu d'un ins-pecteur des finances, M. Magne choisissait un avoué de Péri-gueux.

Si encore le *Figaro* avait parlé de la réduction de la Cour des comptes ou de sa réforme radicale ! Il y a là une pépinière d'inu-tilités plantées et arrosées par la faveur. La Cour est bien plus nombreuse que l'Inspection, et il serait plus facile d'énumérer les services de celle-ci que les redressements de celle-là.

* * *

Le Conseil d'État, dans son ancienne organisation, beaucoup trop plantureuse aussi, pouvait avoir sa raison d'être sous le régime dictatorial, si le dictateur consentait à être éclairé et ne trouvait pas mal qu'on l'éclairât. Mais à quoi ont servi les talents les plus brillants, les plus vifs de cette assemblée sous le deuxième

Empire? A défendre, jusqu'à l'épilepsie, des élections véreuses, que la Chambre officielle elle-même ne laissait pas toujours passer sans protestation.

Comme préparation des lois, comme avertissement salutaire, le Conseil d'État montra bien de quelle façon il conseillait l'État lorsqu'il donna l'*exeat* à la loi du majorat Palikao et à la loi sur les forêts. La première vint échouer misérablement devant une commission législative ; la seconde devant un comité secret, où le commissaire du gouvernement, démonté, abasourdi, ne trouva rien à répondre aux arguments du député lorrain qui devint ministre de l'intérieur aux dernières heures de l'Empire.

En ces deux journées, le Conseil d'État prouva ce qu'il valait comme autorité politique prépondérante et placée au-dessus du Corps législatif lui-même.

L'Assemblée nationale ne sera jamais embarrassée pour trouver dans ses rangs des rapporteurs aussi forts que les anciens conseillers d'Etat.

L'arbre a été jugé par ses fruits.

Le Conseil d'État ne devra plus être désormais qu'une sorte de Cour de cassation administrative, municipale, chargée en outre de prononcer en dernier ressort sur les dons aux hospices, etc., etc.

* * *

Sous l'Empire, les conseillers d'Etat portaient la tête haute.

Ils se considéraient comme les *Missi dominici*, émanation et représentation directe du souverain. L'un d'eux, cependant, et c'était sans contredit le plus célèbre, semblait s'être englouti tout entier dans les profondeurs de la faveur impériale. Il cherchait à s'y faire oublier, et comme à s'y cacher. C'est à peine si l'auteur de grands travaux administratifs venait s'asseoir à la Chambre sur les bancs des commissaires du gouvernement lorsqu'il avait été désigné pour défendre un projet de séparation ou de réunion de communes... La nomination du vicomte de Cormenin au Conseil d'Etat avait blessé au cœur le parti libéral, au milieu de tant de défections et d'apostasies. On fit dès l'abord circuler bien des philippiques mêlées de quatrains.

> Aujourd'hui, la Liste civile
> Pour Cormenin a des appas :
> Il prisait moins jadis cette Liste incivile
> Qui ne le payait pas.

On rencontrait souvent le vicomte dans le quartier de la Madeleine, mais on ne rencontra jamais son regard. La tête baissée, les yeux vagues, il cheminait lentement, tortueusement, comme portant un remords. On eût dit qu'il craignit la chute d'une tuile. Il la recevait parfois en rentrant chez lui, comme cela lui arriva en mai 1865, au moment où le pamphlétaire qui avait tant écrit contre les coupes sombres de la Liste civile de Louis-Philippe fut le complice du projet d'aliénation des forêts présenté par le gouvernement impérial. La violence de cette tuile indiquait les mépris et les haines qui s'étaient accumulés autour de Timon et de son gouvernement :

Des forêts de l'État, quoi! tu signes la vente!
Démagogue autrefois, puis valet des valets,
Qu'as-tu fait, Cormenin, de ta plume savante?
L'Empire t'a donné l'emploi que tu voulais ;
Mais ton dernier soupir sera plein d'épouvante :
Dans le cercle d'Enfer, ton éternel palais,
Ton âme, — non, ta main, parjurée et saignante,
Aura pour la ronger, pourriture vivante,
    La vermine de tes pamphlets!

* * *

La classe des fonctionnaires français est, dans sa généralité, foncièrement honnête, probe, honorable.

Les sinistres financiers, les concussions, les corruptions y sont infiniment rares.

C'est plutôt sur les hauteurs que l'air est moins pur et que circulent les miasmes délétères.

* * *

Le rapport de M. Riant à l'Assemblée nationale a jeté des lueurs terribles sur les marchés du ministère de la Guerre.

« En 1867 comme en 1870, l'administration écartait les offres directes, celles qui venaient des fabriques, de maisons honorables et sérieuses. Elle recherchait les intermédiaires, leur accordait, en connaissance de cause, des prix exagérés, et, pour achever la comparaison, en 1867, comme en 1870, elle obtenait de mauvais produits...... En ceci, comme en toute chose, le pays ne saura jamais assez ce que les *Gouvernements personnels et l'absence de contrôle* lui ont coûté de temps, d'argent et de moralité.... A côté de cette cause première et principale du mal, il en faut signaler d'inférieures et de plus prochaines. Votre commission a cru les découvrir dans les habitudes contractées sous ce régime, où chaque fonctionnaire, *irresponsable en fait comme en droit*, était soumis à des initiatives aussi étrangères que la sienne propre à la pensée d'un compte à rendre. »

Le grand travail de M. Riant honore le régime parlementaire.

***

Les carrières publiques sont généralement ingrates pour ceux qui les suivent avec honneur et désintéressement, et c'est la presque totalité.

Il faut que cette maladie française de recourir sans cesse au gouvernement soit bien difficile à guérir pour qu'elle enlève un si grand nombre d'hommes aux autres carrières offrant des perspectives meilleures et aux efforts courageux de l'initiative individuelle.

***

Oui, l'honnêteté et le scrupule dirigent la masse des fonctionnaires français.

Comment se fait-il que le scrupule et l'honnêteté soient moindres dans les rangs les plus élevés de la hiérarchie gouvernementale ?

Un modeste employé, qui vit avec difficulté d'un faible émolument, se croirait déshonoré s'il prenait cent francs dans la caisse de l'État pour parer à la gêne de sa famille.

Un ministre, qui perçoit les plus riches appointements, trouve que ses services sont insuffisamment rémunérés, et il n'éprouve aucun scrupule, il n'hésite pas à prendre à l'État, non pas 100 fr. mais 60,000 fr. (un peu moins, un peu plus, le chiffre exact est indifférent) pour les donner, sous forme d'emploi, à sa famille, qui n'a aucun titre à cette opulente concession.

Sous Napoléon III, les noms de la plupart des ministres étaient inscrits sur la liste des receveurs généraux.

Combien d'autres, sous des noms différents, profitaient aussi de leur parenté avec les puissances du jour!

L'entourage de l'Empereur démoralisait ainsi les plus hautes fonctions.

Il rejetait dans les vieilles histoires, dans le ridicule, toute idée d'honneur officiel, de désintéressement privé.

Il faisait de la Révolution.

***

Or, il advient que le ministre, après avoir placé tous ses parents, s'aperçoit que la fille de son ami, ou l'institutrice de sa fille à lui ministre, ou la femme de chambre de sa femme désire se marier, qu'elle n'a pas de dot et qu'il serait convenable de lui en donner une. Il lance un limier de confiance au milieu des jeunes employés et en déterre un qui accepte la demoiselle avec promesse d'un bel avancement en province. Le mariage se fait, l'employé a la femme et la place, et le ministre s'endort, convaincu qu'il vient de faire une bonne action.

Le lendemain, le secrétaire général essaie d'imiter le ministre.

***

Cela se pratiquait sous l'Empire.

***

Il n'est pas présumable que les ministres de la République donnent à leurs gendres, à leurs fils ou à leurs neveux les plus belles trésoreries générales : M. Pouyer-Quertier est là.

***

Sous l'Empire, ces manières d'opérer excitaient bien de loin en loin quelques rumeurs, mais le bruit importun allait se perdre

2

dans les acclamations des élections officielles et des plébiscites re-
naissants.

En 1870, un journal disait en petits vers :

> Avec la manne de l'État
> Fould engraissa les Pyrénées ;
> Du Périgord grand potentat,
> Magne, pendant longues années,
> Donnant aux riches comme aux gueux,
> Fut nommé Magne-Périgueux.
> Tout le Puy-de-Dôme vénère
> Rouher, Auvergnat débonnaire,
> Qui fit profiter de son rang
> Sa famille et Clermont-Ferrand.
> Avant lui, le bouillant Forcade
> Pour Bordeaux eut quelque tocade :
> Buffet... cinq minutes d'arrêt.....

* * *

Aux faveurs gouvernementales qui prennent leur source sacrée
dans les liens de famille, viennent s'ajouter, désagréablement
pour le vulgaire des employés, celles qui, de toute éternité,
doivent pleuvoir sur le personnel du cabinet particulier.

Dans les *Guêpes*, M. Alphonse Karr s'étonnait autrefois que cette
grande figure de M. Guizot, alors ministre de l'instruction publique, aimât à s'entourer de *figures de bas commis*. L'expression
s'appliquait nominativement à un secrétaire qui fit depuis un
assez grand chemin dans les fonctions du bas-empire.

Si l'humoristique écrivain avait, aux périodes suivantes, regardé
dans les cabinets d'autres ministres, il y aurait retrouvé parfois
les mêmes figures, en s'en montrant moins choqué peut-être,
parce que la tête de M. Guizot ne les eût pas enlaidies encore par
le voisinage et par la comparaison.

Il est certain, d'un autre côté, que les attachés au cabinet
brillent rarement par la distinction personnelle et par le mérite.

Il y a des exceptions.

⁕

Le ministre prend parfois dans sa famille son chef de cabinet, son secrétaire, etc., et il s'excuse alors de n'avoir pu faire autrement, de s'être trouvé dans l'impossibilité de mieux choisir, et on l'excuse, le népotisme en France étant habitué à s'exercer naturellement, patriarcalement, quand c'est l'État qui paie.

Comment laisser échapper une si belle occasion, lorsqu'il est admis que les attachés, même après quelques mois de fonctions, sont admis à se caser, de droite et de gauche, dans les plus beaux emplois ?

La coutume date de loin. Elle dure, elle se perpétuera jusqu'au jour où le cri public forcera à reconnaître qu'on n'est pas ministre pour faire ses affaires, celles de sa famille et de ses amis, et à proclamer qu'on sera déshonoré — destitué surtout — pour les avoir faites, comme ministre, aux dépens de l'Etat.

Nous en avons encore pour quelque temps.

Quel est donc le rôle des attachés ? On n'a pas entendu parler souvent d'un chef de cabinet qui ait prouvé l'utilité de sa fonction au point de vue des intérêts généraux. Sa grande occupation n'est-elle pas d'ouvrir ou de faire ouvrir les lettres du ministre, de distinguer, avec le flair en sens inverse d'un nouveau cabinet noir, celles de ces lettres qui ne doivent pas être décachetées ; d'envoyer les invitations et les cartes de visite ; de répondre aux recommandations et d'en adresser selon la formule ; d'aller aux renseignements afin de s'assurer des chances des recommandés, etc. L'accomplissement méthodique d'une telle fonction n'exige pas une culture supérieure, de grandes facultés d'intelligence, beaucoup de hauteur d'esprit, mais il n'en est pas moins admis que les personnes qui l'exercent, dans les diverses hiérarchies du cabinet, sont destinées à tout dans l'avenir et propres à tout. Elles prennent une certaine attitude, où se révèle immédiatement ce qu'elles font et ce qu'elles sont capables de faire. Elles entrent chez une puissance secondaire sans se demander si elles ne troublent pas sa conversation avec un tiers ; au besoin, elles la manderaient dans leur bureau. Elles appartiennent au ministre, et le reste du monde leur appartient.

Quelques déboires viennent troubler cette vie olympienne de l'antichambre. Le ministre est impatient, pressé, médiocrement parlementaire. Il abuse du mot « tout de suite » quand il veut être servi, et du mot « encore !.. » quand on s'est trompé. Quel orage si une missive intime a été maladroitement ouverte, comme s'il s'agissait de la demande d'un bureau de timbre ou d'une place d'agent voyer ! Il faut, en outre, avoir l'oreille à certains appels familiers, qui se confondent trop facilement avec la sonnette de l'huissier. Ces angoisses, ces amertumes méritent bien d'être récompensées, quand le ministre s'en va, par la croix d'honneur, ou par la Cour des comptes, ou par toutes deux à la fois.

S'il avait vu de certains attachés, La Bruyère aurait pu leur consacrer aussi les lignes suivantes :

« Le suisse, le valet de chambre, l'homme de livrée, s'ils n'ont plus d'esprit que ne porte leur condition, ne jugent plus d'eux-mêmes par leur première bassesse, mais par l'élévation et la fortune des gens qu'ils servent, et mettent tous ceux qui entrent par leur porte et montent leur escalier indifféremment au-dessous d'eux et de leurs maîtres ; tant il est vrai qu'on est destiné à souffrir des grands et de ce qui leur appartient. »

Avoir plus d'esprit que ne porte sa condition : quel mot pour les courtisans, les chambellans et les secrétaires de ministres !

*_**

On racontait que l'Empereur Napoléon III n'aurait pas nommé un général sans l'avoir vu venir lui présenter ses hommages au sortir de la messe du dimanche aux Tuileries. De là, ces généraux d'antichambre dont il a été si souvent question pendant nos désastres.

*_**

Le Ministère de la Justice a été longtemps en proie aux nominations de faveur. Sous M. Baroche, telles promotions ont soulevé le scandale à ce point que de hauts magistrats s'en exprimaient avec une liberté et une réprobation dont le souvenir n'est pas éteint. — Un autre ministre passait à peine à la Chancellerie qu'il avait eu le temps d'appeler son parent, d'emblée, à une place de directeur. — Enfin Ollivier vint.... Le secrétaire général, simple avocat la veille, lui présenta le personnel des bureaux. Le jeune ministre prononça alors son fameux discours sur *les toiles d'araignée*. Il ne devait plus avoir égard aux recommandations qui avaient sévi jusque-là. S'il rencontrait sur sa route un grand talent, modeste, ignoré, il annonçait qu'il le prendrait par la main et l'élèverait, de préférence à l'intrigant appuyé des plus irrésistibles influences. Bien que le choix du nouveau secrétaire général ne fût pas de nature à encourager les avancements hiérarchiques, on est si confiant aux paroles d'honnêteté et de justice, qu'il y eut un moment d'espoir à la Chancellerie. Mais quand on vit bientôt le jeune ministre, le jeune secrétaire général, le chef du cabinet, le secrétaire particulier et l'huissier de l'antichambre inonder les autres ministères d'un débordement de recommandations en faveur des solliciteurs ardents du département du Var, on comprit que de cet original discours d'installation il ne devait rester que l'épisode inattendu sur les toiles d'araignée.

Un ministre qui recommande à ses collègues tous ses amis ne peut que se montrer accessible aux recommandations qu'on lui adresse pour son propre département ministériel.

*
* *

Le 2 août 1871, un journaliste, qui a eu parfois l'intuition et l'initiative des vraies questions à poser, M. Ad. Guéroult, écrivait dans *l'Opinion nationale* :

« Tout le monde sait le rôle déplorable que jouent, dans la distribution des fonctions civiles et des grades militaires, la protection, a faveur, les relations, les apostilles.....

« Il faut que les ministres, les chefs de service sachent résister à la pression de la faveur et à la tyrannie des recommandations....»

Tout le monde aura dit : Il a raison ! Et puis ?...

Comment les ministres résisteraient-ils à ces tyrannies lorsqu'ils sont les premiers à constamment exercer sur leurs collègues la pression de la recommandation?

Qu'ils sortent des Landes, du Gard, du Nord ou de la Seine-Inférieure ; qu'ils appartiennent au républicanisme modéré, à l'ancien groupe libéral parlementaire, à l'ancien parti légitimiste, ou à l'ancien parti de la candidature officielle, dont quelques membres tournèrent à l'indépendance vers les derniers temps du régime impérial, nos ministres, en matière d'interventions officieuses, se mettent immédiatement à emboîter le pas de leurs prédécesseurs de la Dordogne, du Puy-de-Dôme et des Hautes-Pyrénées; ils versent dans la vieille ornière française; par continuation, ils démoralisent, abaissent les fonctions publiques, en laissant croire, par le nombre et la vivacité de leurs interventions, que la recommandation remplace la justice et qu'elle est toujours toute-puissante, puisqu'ils s'y livrent avec autant d'ardeur que le faisaient les ministres du second Empire.

Ils font de la révolution.

* * *

Le général Cavaignac n'avait pas agi de même. Dans des temps troublés aussi, où l'écume des ambitions cherchait à monter jusqu'à lui sous forme de dénonciations, de requêtes de toute nature, le général Cavaignac, qui était vraiment digne de fonder la République en France, renvoyait le tout aux services compétents, sans un mot, sans un signe, jugeant qu'une recommandation de lui risquait de rencontrer une trop facile et trop lâche complaisance, et que la justice, la dignité, l'honneur même du Gouvernement ne pourraient que perdre à ces manifestations mal séantes d'un intérêt personnel.

* * *

M. Thiers, pendant sa longue vie publique, a été extrêmement sobre de recommandations; ses apostilles doivent être bien rares.

Pourquoi M. Barthélemy Saint-Hilaire a-t-il gâté cette page blanche (au moment même où il fallait le plus la respecter), en écrivant banalement sur une foule de lettres adressées au président de la République, le mot « *Recommandé* » et en le faisant suivre de sa lourde signature ?

* ** *

M. Guizot (son nom vient comme de lui-même après le nom de
M. Thiers) n'a pas imité en cela son ancien collègue politique et
son confrère de l'Académie. De nombreuses pétitions sont illus-
trées par quelques mots de sa belle écriture.

Beaucoup de lecteurs vont encore perdre ici une de leurs illu-
sions.

* ** *

L'ingénieux M. Picard, lorsqu'il était ministre des finances,
écrivait, dit-on, sur des demandes auxquelles il lui appartenait de
donner suite, le mot de M. Barthélemy Saint-Hilaire : *Recommandé.*

Ainsi, il se recommandait à lui-même d'avoir égard à sa propre
recommandation !

* ** *

Dans ces derniers temps, on se montrait avec curiosité au ministère de la guerre une apostille par laquelle M. Léon Gambetta
priait *son collègue* le général de Cissey d'examiner une pétition
avec l'intérêt qu'elle lui paraissait comporter.

* ** *

En revanche, les apostilles de M. Louis Blanc sont introuvables;
on doit l'en féliciter. Comme autographe, je préférerais avoir les
lignes suivantes écrites par lui sur les guerres de la Vendée :

» Les compagnies franches étaient celles dont on désigna
dérisoirement les soldats sous le nom de héros des 500 livres,

parce qu'ils avaient été levés à prix d'argent par la *Commune de Paris*. Et il est certain qu'au début, leur conduite sembla justifier cette appellation flétrissante...... La manœuvre de ces misérables consistait, aussitôt le combat engagé, à mettre le feu à un caisson et à s'enfuir en criant : *On nous trahit* ! Sauve qui peut ! Doué fut le premier théâtre de leurs pratiques, et, à Saumur, où leur fuite les avait conduits, ils ne s'occupèrent qu'à semer le désordre. A les entendre, la trahison était partout. »

Ne croirait-on pas lire un récit des exploits de certains braillards de Belleville contre les Prussiens ? Il est justement question des soldats de la *Commune*. — *Ces misérables*, dit M. Louis Blanc. Si ce passage était affiché sur les murs, l'historien de la Révolution française serait véhémentement soupçonné d'avoir dirigé une sanglante personnalité contre les fédérés de l'Internationale.

***

Les généraux n'ont pas suivi l'exemple du général Cavaignac. Ils comptent de vaillants solliciteurs. L'*Isère* parle avec orgueil du général Vinoy. Autrefois, le général Parchappe, vers 80 ans, étonnait encore la Marne et les ministères par son allure juvénile et la multiplicité de ses recommandations. De divers côtés, on cite le général Chanzy comme faisant, avec l'ardeur du néophyte, des charges à fond dans les ministères. C'est dans l'arrondissement d'Alais, je crois, qu'un fureteur offrit de parier que, durant neuf mois, les lettres ou apostilles du général de Chabaud-Latour s'étaient élevées au chiffre de 571. Le général Allard, l'ancien président de section au Conseil d'État, et natif des Deux-Sèvres, était un digne émule de son collègue. Parthenay lui doit bien une petite statue.

Aucun homme en France n'a su cumuler aussi complétement que M. Havin, l'ancien directeur du *Siècle*, les honneurs de l'opposition au gouvernement et les bénéfices de l'influence gouvernementale. C'était un solliciteur acharné. Il traînait avec lui dans les bureaux des ministères le département de la Manche tout entier, et, dans les derniers temps de sa vie, lorsque la paralysie commençait à gagner ses jambes vacillantes, c'étaient les électeurs de Torigny qui l'y traînaient avec eux. M. Havin a obtenu des ministres, particulièrement de M. Fould, des faveurs qui n'auraient pas été accordées à vingt députés de la majorité officielle coalisés entre eux pour les enlever. Les bons lecteurs du *Siècle*, les plus obstinés de ce temps-là parmi les aveugles, n'en considéraient pas moins M. Havin comme l'indépendance la plus vertueuse, la plus farouche de la Chambre et comme l'espoir de la future République.

*
* *

On compte à l'Assemblée nationale une trentaine d'anciens élèves de l'école Polytechnique (M. Lambrecht en faisait partie : trèsgalant homme et regrettable ministre, mais abusant de la recommandation, comme l'ancien député de Douai, dont il fut le concurrent tour à tour heureux et malheureux). Tous se réunirent un jour pour adresser à un ministre, en faveur d'un ancien camarade, une lettre collective signée par eux : c'est ce qu'on appelle l'esprit de corps.

Le ministre répondit, par écrit, à chacun des signataires : c'est ce qu'on appelle la politesse ministérielle.

Sans arriver partout à une telle prodigalité d'écritures inutiles, il est certain que les ministères consacrent, c'est-à-dire perdent un temps énorme à écouter les députés ou à répondre à leurs missives d'intérêt électoral ou d'intérêt de famille.

Et cependant, rentrés dans leurs propres bureaux, la plupart de ces messieurs se plaignent qu'il existe dans les ministères un trop grand nombre d'employés.

Qu'ils commencent donc par leur épargner de la besogne, et quelle besogne !... en s'occupant uniquement des affaires de la France.

*
* *

Sous l'Empire — le dernier — un vieux député des Hautes-Alpes, ancien membre de la gauche au temps de Louis-Philippe, s'était rallié à la candidature officielle et encombrait les ministères de ses sollicitations. Il arriva cependant que l'opposition prévalut dans le département (chose inouïe) et que le vieux député fut remplacé par un concurrent plus jeune et plus délié. Ce fut dans les ministères un étonnement universel. Comment était-il tombé, ce bon homme tenace qui, depuis tant d'années, n'avait cessé de recommander, avec l'énergie du patriotisme alpestre, tous les électeurs de la circonscription ! Du reste, le candidat favorisé donna bientôt lui-même au monde politique de plus vives surprises : il fit, en un seul jour, un sénateur, un directeur général, un conseiller maître à la Cour des Comptes (ce fut lui) et un député (ce fut M. Clément Duvernois).

Mais c'est trop que de parler des étonnements du monde politique. Ce monde se réduisait à quelques attardés qui s'obstinaient à ne pas comprendre les grandeurs et les mystères du régime napoléonien.

Quant au sénat, au corps législatif, à la haute administration et à la préfecture de Gap, on y trouva simple et naturel qu'on fît tant de choses à la fois pour un ami du *Prince*, qu'il s'agissait de pousser sans retard dans la vie active de la politique impériale.

M. Duvernois doit penser encore que c'était dans l'*Ordre*.

*
* *

Les employés de cinq ministères déclarent que la personne et l'écriture de M. Casimir Périer, le nouveau ministre de l'intérieur, y sont complétement inconnues. Dont acte. C'est bon signe. On y connaissait ses articles de la *Revue des Deux-Mondes* sur la dilapidation des finances impériales et ses luttes contre les préfets de l'Aube, ou plutôt les luttes des préfets de l'Aube et de l'Isère contre lui lorsqu'il se présenta au conseil général ou à la députation.

*
* *

Voltaire avait dit que les Anglais étaient un peuple de citoyens. Il retrouverait le même peuple. Et nous ? ....

« C'est un trait distinctif de l'Angleterre, écrivait l'*Edinburg Review* (citée par M. H. Taine), et un trait dont nous sommes fiers, que nous conduisons nos affaires nous-mêmes et sans l'intervention de l'Etat. » Par exemple, ajoute l'écrivain français, en 21 ans, sur 13 millions 200,000 livres sterling dépensées par l'instruction publique, l'Etat n'a fourni que 4 millions 200,000 livres. Le reste a été fourni par des souscriptions. — Les sociétés particulières fourmillent : sociétés pour le sauvetage des noyés, pour la conversion des juifs, pour la propagation de la Bible, pour l'avancement de la science, pour la protection des animaux, pour la répression du vice, pour l'abolition des dimes ecclésiastiques, pour rendre les ouvriers propriétaires, pour leur bâtir de bonnes maisons, pour faire un fonds à leurs caisses d'épargne, pour l'émigration, pour la propagation des connaissances économiques et sociales, pour le bon emploi du dimanche, contre l'ivrognerie, pour fonder une école normale d'institutrices, etc. Il suffit de se promener dans les rues et de feuilleter les journaux et les revues, pour deviner l'importance et la multitude de ces institutions.

Nous ne manquons pas en France de quelques sociétés de ce genre ; mais elles sont loin d'avoir la consistance, la solidité, la puissance et les ressources des sociétés anglaises.

On s'aperçoit bien vite en Angleterre, par ce mouvement prodigieux des initiatives individuelles, qu'on est dans une nation : en France, on devine tout de suite qu'on est sous un gouvernement.

La France n'a pas encore cessé de s'abandonner elle-même. Elle ne vit pas de sa propre vie, c'est du gouvernement qu'elle attend la vie.

Il lui arrive ainsi parfois ce qu'elle n'attend pas : le coup d'État de décembre, la guerre et la Commune.

* * *

Les représentants de la France donnent le mouvement. Au lieu de s'enfermer dans les affaires de la nation, de chercher à ranimer la vie nationale, de se mettre à la tête des institutions d'utilité publique, de relever le caractère et le sens moral du peuple, que font-ils ? On les voit sans cesse tendre la main au gouvernement. Une perception ! S. V. P. Un congé pour un pauvre militaire, une autorisation de mariage, S. V. P. Un avancement de grade, S. V. P. Un débit de tabac, s'il vous plaît !

* * *

Quelques-uns — les maniaques de la recommandation — écrivent à la fois, pour le même objet, au président de la République, au ministre, au chef de division.

Les députés ne se doutent pas de l'humiliation d'un tel rôle. Vous leur diriez qu'ils abaissent leur caractère de représentants de la nation, que vous leur causeriez le plus profond étonnement.

Ils exercent tranquillement, carrément, la tête haute, l'air fier quelquefois, ils exercent la mendicité gouvernementale.

***

Il n'est pas rare de rencontrer, au coin des rues, des mendiants qui, pour mieux éveiller et attendrir la charité publique, se réunissent en groupe de famille.

Il est assez commun aussi que la députation d'un département se groupe autour d'une pétition.

Pour ce faire, la députation radicale de Vaucluse ne serait pas plus embarrassée que la députation catholique des Côtes-du-Nord.

***

« J'aperçoy, disait Montaigne, en ces démembrements de la France et divisions où nous sommes tombés, chascun travailler à défendre sa cause, mais, jusques aux meilleurs, avec desguisement et mensonge..... La pluspart des accords de nos querelles aujourd'hui sont honteux et menteurs. Nous ne cherchons qu'à sauver les apparences et trahissons cependant nos vraies intentions. Nous plastrons le faict. »

C'est écrit pour 1871.

Où s'accordent le mieux nos représentants, c'est à signer ensemble, même avec les opinions les plus contraires, une demande de débit de tabac.

***

Et pourtant cette Assemblée, comparée aux Chambres de l'Empire, est une élite. — Elle est sortie du cœur de cette nation qui, sous le drapeau de la République, venait de jeter sur les champs de bataille la Bretagne, aussi bien que la Bourgogne. Unanime et vengeresse, elle a proclamé la déchéance de l'Empereur, en attendant que les agitations bonapartistes forcent à juger l'Empereur. Souverain maître de la France, Napoléon III a perdu la France. Il a souvent réclamé la responsabilité de ses actes : cette responsabilité vaut quelque chose de mieux que l'exil. Dans plus d'une occasion, l'Assemblée a prouvé son sens politique et son patriotisme. En s'écartant de ce rôle public, en se mettant à la merci des appétits individuels, en traînant à la curée l'immense cohue des solliciteurs, les députés cèdent à une manie invétérée, et, saisis par la contagion, ils s'agitent misérablement dans le cercle fatal où l'on oublie la Patrie pour songer à l'électeur.

***

La France est encore trop près de ces temps extraordinaires où elle faisait nommer ses députés par son gouvernement.

***

Les pays les plus solliciteurs sont le Midi, Sud-Est et Sud-Ouest ne pas oublier la Corse) la Bretagne, l'Auvergne. — S'en rapprochent : la Charente, la Manche, la Meuse, les Vosges, etc., etc.

On avait fait un programme de prix à distribuer entre les anciens députés qui se distinguaient par la fréquence de leurs recommandations.

On y lisait : grand prix d'honneur, Aude : M. Roques Salvaza; Charente : prix d'excellence, M. Andre; Cantal : prix d'excellence, M. de Parieu; Creuse : prix d'excellence, M. Delamarre; Landes : prix d'excellence, M. de Guilloutet; Vosges : prix d'excellence, M. Buffet.

Pendant le court ministère de ce dernier, les chefs de service du département des Vosges furent littéralement écrasés des recommandations de M. Buffet et de son chef de cabinet, M. le baron de Ravinel.

Et cependant tous deux viennent d'échouer au Conseil général. Cela est fait pour calmer leur ardeur — si cela ne la ranime pas.

* * *

Un très-grand nombre de représentants ont encore droit au prix d'excellence, au second prix et à l'accessit.

* * *

Lorsque M. de Guilloutet, déjà nommé, devint célèbre par son amendement sur le mur de la vie privée, ce fut un employé de ministère, fatigué de ses obsessions, qui adressa au *Figaro* des vers où le nouveau verbe *guillouter* était jeté dans la circulation. Ces vers furent reproduits par de nombreux journaux en province, mais le verbe n'a pas fait son chemin.

* * *

Les ministères auraient volontiers illuminé lorsque M. Guyot-Montpayroux l'emporta dans la Haute-Loire sur un baron solliciteur.

Un autre baron, également solliciteur, fut plus heureux dans la Mayenne.

Les deux barons étaient criblés d'épigrammes qui égayaient les surnuméraires.

* * *

La littérature des pétitions serait faite pour dégoûter à jamais de la langue française. C'est plutôt un fouillis de platitudes qui n'a de nom dans aucune langue.

De vieux pétitionnaires écrivent déjà à Mme Thiers comme ils écrivaient à l'Impératrice.

Des députés demandent l'avancement d'un juge ou d'un contrôleur. Ils déclarent qu'ils considéreraient cet avancement comme *un service personnel* ! . .

La recommandation, qui manque si souvent de tact et de jugement, manque ainsi parfois de *sens moral!*

***

Après la publication de la *Vie de César*, des littérateurs s'adressaient à l'Empereur pour glisser une requête au milieu de leurs félicitations. Dans leur délicate courtoisie, ils n'étaient pas loin de débuter par : *Monsieur et cher confrère.*

L'un d'eux disait : « En intéressant la générosité de l'Empereur à ma parente, je me plais à espérer que S. M. prendra sous sa protection une suppliante réduite au bien modeste appui d'un homme de lettres. Si donc S. M. daigne faire quelque chose pour un *confrère* (c'est mon meilleur titre), et pour un confrère dont le dévouement a fait ses preuves, elle accordera de quoi vivre à la famille de mon regretté cousin, qui a dépensé toute sa vie à servir le gouvernement. »

Comme cela est dit avec grâce et combien l'auguste confrère dut en être flatté !

***

La précédente pétition se distingue de la littérature courante.

Croirait-on cependant que le cabinet de l'Empereur la trouva plus plate que celle-ci, qui arriva en même temps : « Sire, les Napoléons ne cessent de sauver la France. Je fais donc des vœux pour l'empereur, l'impératrice et le prince impérial. Mon oncle, retraité sergent, a fait le sacrifice de ses jours pour votre dynastie suprême. J'espère que votre majesté me permettra de la servir d'une manière plus prépondérante, en octroyant à mon dévouement inaltérable et successif la place de garde champêtre qui vient de se trouver vacante dans la commune où mon oncle s'est déterminé à finir ses jours pour la gloire de Votre Majesté. »

***

Vers la fin du règne des bandits de la Commune, un papier à moitié brûlé fut porté par le vent sur un balcon. Il devint possible d'y déchiffrer les lignes suivantes, où manquaient des mots atteints par le feu :

« 6 septembre 1864. Monsieur le   vous avez été bien
bon pour moi, soyez-le encore, car c'est à   que je demande
de ne pas me traiter en pétitionnaire.   à qui vous
avez accordé, à ma demande   vient de mourir. Sa veuve
reste avec bien peu de ressources. Accordez-lui
Rappelez-vous que son mari avait 50 ans de bons services, et rappelez-vous surtout qu'elle est   bien fière, bien dis-
crète, bien honorable, vieille mais active, fort consciencieuse et
respectable à tous égards. Je vous prie et je vous remercie, car
j'espère en votre constante bonté. »

On crut reconnaitre la belle et masculine écriture de George Sand.

***

Est-ce bien la même plume qui vient d'écrire, en style immortel, ce jugement de l'histoire :

« Pauvre Allemagne ! la coupe de la colère de l'Éternel est versée sur toi tout autant que sur nous, et, pendant que tu te réjouis et t'enivres, l'esprit philosophique pleure sur toi et prépare ton épi- taphe..... Ce blessé pâle et sanglant, qui s'appelle la France, tient toujours dans ses mains crispées un pan du manteau étoilé de l'avenir, et toi, tu te drapes dans un manteau souillé qui sera ton suaire.....

« ... Le premier acte de la Commune est d'adhérer à la paix et, dans tout le cours de sa gestion, elle n'a pas une injure, pas une menace pour l'ennemi ; elle conçoit et commet l'insigne lâcheté de renverser sous ses yeux la Colonne qui rappelle ses défaites et nos victoires..... Elle déclare qu'elle vient délivrer l'homme de ses entraves et de ses préjugés, et tout aussitôt elle exerce un pouvoir sans contrôle et menace de mort quiconque n'est pas convaincu de son infaillibilité. En même temps qu'elle prétend reprendre la tradition des Jacobins, elle usurpe la papauté sociale et s'arroge la dictature.... C'est une orgie de prétendus rénovateurs qui n'ont pas une idée, pas un principe, pas la moindre organisation sérieuse, pas la moindre solidarité avec la nation, pas une ouverture vers l'avenir. Ignorance, cynisme et brutalité, voilà tout ce qui émane de cette prétendue révolution sociale. Déchaînement des instincts les plus bas, impuissance des ambitions sans pudeur, scandale des usurpations sans vergogne, voilà le spectacle auquel nous venons d'assister. Aussi, cette Commune a inspiré le plus mortel dégoût aux hommes politiques les plus ardents, les plus dévoués à la démocratie.... L'humanité est indignée en moi et avec moi..... Nous avons à faire les immenses efforts de la fraternité pour réparer les ravages de la haine. Il faut conjurer le fléau, écraser l'infamie par le mépris et inaugurer par la foi la résurrection de la Patrie. »

***

Des magistrats se livrent à la recommandation. S'ils y mettent trop de ferveur et d'insistance, des formes trop moelleuses ou trop anguleuses, ils enlèvent quelque chose à la confiance qu'on doit avoir dans leur impartialité, dans leur droiture, lorsqu'ils sont eux-mêmes sollicités par les amis de leurs justiciables.

Vers 1856, un magistrat, qui cumulait les hautes fonctions de la Cour de cassation et du Sénat, demandait avec ténacité, avec assurance, avec autorité, une chose injuste en matière de personnel.

— Que diriez-vous, lui fut-il répondu, si l'on vous priait de rendre un arrêt contre votre conscience?

Le magistrat se retira sans répliquer — et sans saluer.

***

Un député, en pareille aventure, disait impudemment : Et ma recommandation ? Elle n'est donc rien ?...

— Elle [n'est rien quand vous demandez une chose juste; elle n'est rien quand vous demandez une chose qui ne l'est pas...

Mais, à côté de ces réponses, combien d'accueils empressés, de promesses imprudentes et de lâches condescendances !

*_**

M. H. Taine citait une correspondance fantaisiste publiée dans le *Punch* anglais entre un membre des Communes et un ministre. Le premier écrivait que la session était à la veille de finir et qu'ayant toujours bien voté, il demandait un emploi. Le second répondait qu'il n'avait le plaisir d'être d'accord avec son correspondant que sur la première proposition.

Chez nous, on trouve dans un paquet de sucre d'orge une lettre écrite en juin 1867, à M. Rouher, par un député qui invoque, pour avoir une faveur de famille, seize ans de services rendus à la Chambre et comme rédacteur d'un journal étranger. Le député se dit, en finissant, comme il l'est, le très-*acquis* et très-dévoué serviteur de l'Excellence.

Il est trop certain que le ministre français n'aura pas répondu comme le ministre du *Punch*.

*_**

Toujours sous l'Empire, la recommandation sévissait au Sénat, au Corps Législatif, au Conseil d'État, — et même à l'Institut.

L'Assemblée Nationale a pris la suite des affaires.

*_**

Le Préfet a été, de tous temps, l'agent le plus actif et le plus dangereux de la recommandation politique.

A travers les Révolutions, contre elles ou pour elles, ce puissant personnage a conservé toute sa force. Il est encore l'*Intendant* de l'ancienne monarchie, duquel Alexis de Tocqueville disait : « L'intendant possède toute la réalité du gouvernement... c'est un homme de naissance commune, toujours étranger à la province, jeune, qui a sa fortune à faire... L'intendant correspond avec tous les ministres ; il est l'agent unique, dans la province, de toutes les volontés du gouvernement. Au-dessous de lui est placé dans chaque canton un fonctionnaire révocable à volonté, le subdélégué... Celui-ci représente le gouvernement tout entier dans la petite circonscription qui lui est assignée, comme l'intendant dans la généralité entière. Il est soumis à l'intendant comme celui-ci au ministre... Alors, comme aujourd'hui, l'administration tenait tous les Français en tutelle, et si l'insolence du mot ne s'était pas encore produite, on avait du moins déjà la chose. »

En ces derniers temps, l'Assemblée nationale, qui a l'instinct des institutions libres, a voulu porter légèrement la main sur ce reste de l'ancien régime : l'Intendant. Où s'est manifestée la principale opposition ? dans la gauche radicale.

Nos prétendus démocrates libéraux ont voté avec entrain pour M. le préfet.

Mais que voulez-vous ? Ils regardaient la droite qui demandait l'amoindrissement de l'intendant en faveur de la décentralisation administrative.

Il leur fallait le contraire de ce que désirait la droite.

Déjà, pendant que le Prince-Président marchait souterrainement à l'Empire, la *Montagne* avait voté contre la *proposition des questeurs*, qui devait armer l'Assemblée : elle regardait ingénieusement les légitimistes et les orléanistes, qui entendaient se défendre contre la violation menaçante du pacte républicain ; elle laissa passer le coup d'Etat, n'ayant plus, par sa faute, pour le combattre, qu'une réunion dans une mairie et le désespoir de quelques héroïsmes individuels.

Le jour où la proposition des questeurs fut repoussée par la Montagne, le jour où la gauche radicale vota pour les pouvoirs du Préfet, beaucoup d'hommes en France renoncèrent à voir fonder la République par ce qu'on appelle les bons, les vrais, les purs, les seuls républicains !

Ces intelligents démocrates ne veulent plus d'empereur à Paris, ils le disent, et ils veulent un empereur à la tête de chaque département !

*
* *

Le Préfet conduisait au scrutin la multitude électorale. Quand les choses se passaient convenablement, c'est-à-dire quand 5 ou

6,000 voix à peine protestaient dans un département contre la candidature officielle, c'était pour le Préfet son principal, son seul titre à l'avancement. La menace d'un changement pesait au contraire sur lui lorsque l'opposition gagnait du terrain. Aussi ne reculait-il devant aucune menée, devant aucune intimidation pour que le peuple, *réuni dans ses comices*, lui délivrât un certificat de bonne conduite qui assurât sa position préfectorale.

Et la gauche radicale vote pour M. l'Intendant.

* * *

Lorsqu'un fonctionnaire passait pour mal voter, pour mal penser, lorsque l'indépendance de son caractère l'écartait de l'intrigue électorale, l'Intendant demandait le changement d'un homme aussi dangereux.

Lorsqu'un fonctionnaire s'agitait pour le triomphe du candidat de l'Intendance, compromettait son rôle public en se faisant courtier d'élection, l'Intendant, avec l'audace de ces temps pervertis, réclamait, pour ces services extra-administratifs, l'avancement d'un homme aussi méritant.

Et la gauche radicale vote pour M. le Préfet.

* * *

Sous les dictatures césariennes comme sous les dictatures révolutionnaires, les Préfets réussissent merveilleusement à déconsidérer, à démonétiser, à desservir le gouvernement qu'ils ont la mission de servir et de faire respecter et aimer.

C'est étrange comme, à l'orageuse naissance des Républiques, on a le talent d'expédier en province des préfets qui, par leur maladresse ou leur violence, semblent avoir pris à tâche de renverser leur gouvernement.

Exceptons en 1848 M. Grévy et quelques autres. — *Rari nantes in gurgite vasto.*

Au mois de septembre 1871, on lisait sur les murs de Paris une affiche du journal *la Gironde* (le plus grand format de France) où il était dit que M. Frédéric Morin correspondait avec la feuille de Bordeaux.

Au titre d'ancien rédacteur d'une feuille parisienne on omettait d'ajouter celui d'ancien préfet.

Les fonctionnaires de Saône-et-Loire aimeront mieux lire les correspondances de M. Morin que de relire ses circulaires préfectorales. Ils se rappellent notamment celle de ces circulaires où M. le Préfet les sommait de souscrire à un emprunt.

[*]

Il est grand temps d'étudier l'organisation des pays libres qui sa vent se passer de préfets et de sous-préfets.

[*]

Il arrive qu'à de longs intervalles, comme nous l'avons vu, un journaliste français met le doigt sur les vraies questions : mais ces questions, notre presse ne sait pas les suivre, les développer ni les animer jusqu'à en passionner l'opinion publique.

Quelle différence avec la presse anglaise !

Pendant combien de mois n'a-t-on pas lu dans ses colonnes ces titres toujours ramenés : « *Lunatic Asylum* » « *Social Evil* » etc.! Il s'agissait de combattre les abus qui se commettent dans les maisons d'aliénés, d'amoindrir, sinon de détruire, ce grand mal social, la prostitution. L'enquête s'ouvre. Chaque jour, de nouveaux documents sont apportés. Les souscriptions abondent, lorsque cela devient necessaire. Que de lettres, pendant longtemps, que d'informations le *Times* a publiées sur les misères des logements de paysans ! etc., etc., etc.

On peut dire résolùment qu'en Angleterre, si le pays était rongé par cette lèpre de la mendicité officielle, par ces excès d'autorité et ces abus d'influences en matière de concession d'emplois, qui s'éternisent dans la nation française grâce à la connivence écœurante de tous les partis, il ne faudrait pas à la presse anglaise, non, il ne lui faudrait pas six mois pour extirper ces maladies endémiques.

*
* *

Une demi-douzaine d'intrigants font plus de bruit pour exalter un chef qui entre dans leurs intrigues, que n'en font cent fonctionnaires honnêtes pour louer un chef qui leur rend simplement justice.

*
* *

Un expéditionnaire a rêvé, toute sa vie, qu'il ferait son chemin quand il trouverait pour le pousser une influence de l'entourage ministériel.

Il est retraité, comme expéditionnaire, au moment où ses relations avec le cousin du maître-d'hôtel du ministre lui permettaient de tout espérer.

*
* *

La France n'arrivera-t-elle jamais à supprimer le fléau de la recommandation, les excès d'autorité, l'abus des influences? Quand verrons-nous un député convaincu que son intervention ne complète plus les titres civils et militaires, lorsqu'il croit aujourd'hui qu'elle est le motif déterminant d'une promotion? A quoi a servi l'article du règlement de l'Assemblée qui interdit les apostilles?

M. Grévy — lui-même!.... — ne l'a-t-il pas violé quelquefois?

* * *

Après nos effroyables désastres, après vingt années d'un régime démoralisateur, le gouvernement a la mission de reconstituer une nation, de relever les caractères du long abaissement où l'Empire les a plongés, et de fortifier les mœurs publiques.

Que le gouvernement commence donc par moraliser le gouvernement !

* * *

« Il ne faut pas beaucoup de probité, dit Montesquieu, pour qu'un gouvernement monarchique ou un gouvernement despotique se maintienne ou se soutienne. La force des lois dans l'un, le bras du prince toujours levé dans l'autre, règlent ou contiennent tout ; mais dans un Etat populaire, il faut un ressort de plus , qui est la vertu... Dans une monarchie, où celui qui fait exécuter les lois se juge au-dessus des lois, on a besoin de moins de vertu que dans un gouvernement populaire, où celui qui fait exécuter les lois sent qu'il y est soumis lui-même et qu'il en portera le poids... La vertu politique est un renoncement à soi-même... On peut définir cette vertu l'amour des lois et de la patrie. Cet amour, demandant une continuelle préférence de l'intérêt public au bien propre, donne toutes les vertus particulières; elles ne sont que cette préférence. »

Est-ce exiger des ministres de la République trop de vertu que de leur demander ce renoncement (1) à soi-même?

Est-il excessif de leur demander cette continuelle préférence de l'intérêt public à leur intérêt propre?

Qu'ils négligent les recettes générales et particulières mieux que ne le faisaient les ministres de Napoléon III; qu'ils aident, de leur

---

(1) La vertu de renoncement ne saurait s'élever jusqu'à l'héroïsme d'un refus d'appointements.

bourse et non d'emplois de l'Etat, les nécessiteux de leur famille ; qu'ils ne cherchent pas à peser de façon peu vertueuse sur la concession et l'avancement des fonctions publiques.

Alors Usbeck n'écrira plus à Ibben, à Smyrne, comme il le fit, de Paris, le 26 de la lune de Maharram, 1716 :

« Il n'y a pas de pays au monde où la fortune soit si inconstante que dans celui-ci. Il arrive tous les dix ans des révolutions qui précipitent le riche dans la misère et enlèvent le pauvre avec des ailes rapides au comble des richesses. Le nouveau riche admire la sagesse de la Providence ; le pauvre, l'aveugle fatalité du destin. Ceux qui lèvent les tributs nagent au milieu des trésors : parmi eux, il y a peu de Tantales. Ils commencent pourtant le métier par la dernière misère. Ils sont méprisés comme de la boue pendant qu'ils sont pauvres ; quand ils sont riches, on les estime assez ; aussi ne négligent-ils rien pour acquérir de l'estime. »

***

On parcourt des listes de nominations pendant un certain nombre d'années : en voyant que les élus sont plus que de raison originaires par fournées de Tarbes, de Périgueux ou de Riom, on distingue aisément qui était ministre à l'époque de ces fournées.

Puisse la même expérience n'avoir pas lieu prochainement sur les villes de Rouen, etc. !

***

Est-ce trop d'exiger des députés qui, comme législateurs, réclament le respect des lois ? est-ce trop d'exiger au moins d'eux l'observation de leur propre règlement ?

***

Un écrivain original (l'originalité ne va guère sans une pointe de paradoxe), M. Alexandre Weil, pense que ce sont les lois qui font les mœurs. Une nuance légère d'utopie ne messied point aux âmes élevées. Un grain de naïveté germe facilement dans un esprit honnête sans le déparer. Mais si la proposition peut sembler quelque peu paradoxale, si elle est fort discutable lorsqu'il s'agit de plier à certaines lois morales toute une nation, combien elle aurait plus de chances d'application pratique si elle tendait à la réforme des mœurs administratives par des règlements d'administration publique ! Le gouvernement nomme, emploie et paie les fonctionnaires. Il exige et obtient d'eux, dans l'exercice de leurs attributions, une obéissance, une régularité absolues. Il serait immédiatement obéi, que dis-je, il serait acclamé par l'universalité des fonctionnaires s'il leur enjoignait de se respecter eux-mêmes en s'abstenant d'intrigues en vue de leur avancement. L'un d'eux, qui a aussi une fenêtre ouverte sur l'utopie, a rêvé un projet de règlement en plusieurs articles :

*
* *

ARTICLE 1er. — Il est institué une *Cour de révision des grades*, devant laquelle tout militaire, tout fonctionnaire de l'ordre administratif ou judiciaire aura le droit de porter directement ses réclamations. Ces réclamations seront instruites, communiquées au ministre compétent, qui donnera son avis circonstancié, et elles seront l'objet d'une décision spéciale rendue par la cour.

ART. 2. — Tout ministre qui aura commis un abus de pouvoir en conférant, sans titres et en dehors des règles hiérarchiques, à ses parents, amis, compatriotes, ou à des intrigants quelconques, une trésorerie générale, une recette particulière, une perception, un entrepôt de tabac, etc., etc., sera considéré comme démissionnaire et ne pourra désormais remplir aucune fonction de l'État.

ART. 3.— Il est interdit aux ministres d'exercer aucune pression sur leurs collègues, par voie de recommandation écrite ou verbale. Toute infraction pourra être signalée au président de la République, qui fixera le chiffre de l'amende à laquelle le contrevenant sera soumis en faveur de l'hospice des Incurables. Cette amende ne sera pas inférieure à 3,000 fr. A la troisième récidive, le ministre encourra la révocation.

ART. 4. — Les préfets se sont déshonorés, ils ont déshonoré la recommandation elle-même en sollicitant des ministres, pour des fonctionnaires, la récompense de services électoraux. Toute intervention de leur part, en dehors des agents qui exercent sous leurs ordres directs, est désormais frappée d'indignité. Elle est de nature à compromettre le fonctionnaire qui en est l'objet, en attachant à sa personne un fâcheux vernis d'intrigue politique et policière; elle le met à l'index parmi ses collègues, et porte une atteinte grave à l'honorabilité gouvernementale. Il est donc interdit aux préfets d'adresser aucune recommandation soit aux divers ministres, soit aux chefs de service des ministères et de leur propre département, en faveur de fonctionnaires dont ils n'ont pas à apprécier ou à faire récompenser les services administratifs. Toute infraction sera punie d'une retenue de traitement d'un mois au minimum. A la troisième récidive, le préfet, considéré comme maniaque, sera mis en retrait d'emploi.

Art. 5. — Tout officier supérieur qui s'adonnera à la recommandation sera porté à l'ordre du jour de la division militaire.

Art. 6. — Le magistrat qui demande des places et des avancements pour ses parents et amis entache la dignité de la magistrature, en ce que cette sorte d'intervention le fait juger accessible lui-même aux recommandations officieuses qui lui sont adressées pour les affaires ressortissant à sa juridiction. Tout magistrat qui s'écartera, en cette matière, de la réserve dont sa position lui fait un devoir sera puni de la réprimande publique.

Art. 7. — Le gouvernement de la République est avant tout un gouvernement de publicité. S'il n'est pas en son pouvoir d'empêcher les députés de violer le règlement de l'Assemblée, il a le droit de rendre publiques les lettres et apostilles qui lui sont envoyées en violation dudit règlement. Ces lettres et apostilles seront reproduites dans le *Journal officiel*. Il est permis de croire que les récidives seront assez rares, et qu'une telle reproduction aura pour effet d'arrêter promptement les manifestations de cette basse littérature.

Art. 8. — Tout fonctionnaire, tout magistrat, tout militaire qui aura recouru à l'intrigue (recommandation en dehors des chefs hiérarchiques) afin d'obtenir son avancement subira, par ce seul fait, un ajournement d'avancement. Dans les conditions les plus favorables, il ne sera promu à un grade plus élevé qu'après tous ceux de ses collègues qui, à titres à peu près égaux, se seront abstenus de ces honteuses démarches.

— 43 —

*
* *

Les articles 2, 3, 4 et 8 suffiraient au besoin pour combattre le fléau.

Que faudrait-il pour rendre ainsi aux fonctions publiques leur dignité et leur honorabilité ? — Un homme, une volonté, un décret.

Il est vrai que cet homme doit être le président de la République française.

*
* *

Que chacun apporte sa pierre à la reconstruction de la pauvre France !

Que tous les efforts individuels se réunissent, chacun dans sa sphère, chacun dans sa mesure, pour élever les caractères et pour reconstituer la moralité publique.

*
* *

O Patrie ! précipitée aux abîmes par l'Empire, déchirée, ensanglantée, mutilée par des industriels armés de canons, incendiée, assassinée par l'*Internationale*, ô Patrie, nous pleurons sur toi et nous t'aimons, nous te respectons au milieu de ces terribles désastres qui font pâlir d'effroi les contemporains et agiteront de frissons douloureux l'âme des générations à venir. Tu méritais un moins âpre destin ! Aucune honte, aucune souffrance, aucune blessure n'auront manqué à ton calvaire. La Prusse, avec et après Napoléon; la Commune après la Prusse..... avec la Prusse ! Malheureuse entre les nations, ton cœur a toujours palpité pour les nations malheureuses. Les ossements de tes fils sont enfouis dans la libre Amérique, dans la Grèce libre, dans la libre Belgique, dans l'Italie délivrée. Partout où les opprimés criaient et se débattaient, tu voulais te lever et marcher à leur secours. Tu as fait l'Italie, hélas ! et l'Italie a fait la Prusse. Aujourd'hui, c'est toi qui vois tes provinces au pouvoir de l'étranger ! Dans le dernier chapitre du *Prince*, dans son exhortation à délivrer l'Italie des barbares, Machiavel disait : « Pour connaître la vertu de l'esprit italien, il était nécessaire que l'Italie fût réduite à sa condition présente, qu'elle fût plus esclave que les Hébreux, plus asservie que les Perses, plus dispersée que les Athéniens, sans chefs, sans ordre, battue, spoliée, lacérée, envahie et piétinée, et qu'elle souffrît toutes sortes de ruines..... Elle reste comme sans vie, attendant quel sera celui qui pansera ses blessures et mettra fin aux déprédations et au sac de la Lombardie, aux exactions du royaume de Toscane, et la guérira de ses plaies invétérées. On voit comme elle prie Dieu de lui envoyer quelqu'un qui la délivre de ces cruautés et de ces insolences barbares..... On ne doit pas laisser passer cette occasion, afin que l'Italie voie, après un temps si long, apparaître son rédempteur. Je ne puis exprimer avec quel amour il serait reçu dans toutes ces provinces qui ont souffert de ces débordements de l'étranger, avec quelle soif de vengeance, avec quelle foi obstinée, avec quelle piété, avec quelles larmes... » L'homme attendu par Machiavel n'est pas venu. C'est toi, France, qui, après des siècles, fus ce rédempteur. Dans ta générosité aveugle et chevaleresque, tu as créé l'unité italienne qui devait contribuer à ton propre démembrement. Tristesse poignante ! c'est à toi que s'adresse désormais l'exhortation de Machiavel. Mais ce n'est pas un homme que tu attendras, c'est toi-même. Quand tu te seras retrouvée, les sympathies te reviendront. Déjà, ô martyre sacrée, ta lutte avec l'Internationale a ceint d'une palme inconnue ton front sanglant. C'était à toi que le destin réservait encore le premier combat contre la barbarie socialiste qui menace le monde. De tes monuments incendiés par la Commune s'est élevée une grande lueur qui éclaire l'Europe entière. Les furies internationales se sont jetées sur toi en tempêtes de feu. Elles ont montré ce qu'elles savaient faire. Le monde les regarde et les suit. Paris ressuscite, et Gœthe dirait encore de lui : « Imaginez-vous une ville où les hommes les plus remarquables d'un grand empire sont réunis sur un seul point et en rapport journalier, où les luttes et l'émulation amènent la réciprocité des lumières et des progrès ; une ville où ce qu'il y a de plus parfait dans tous les règnes de la nature, dans les arts de l'univers entier est journellement offert en spectacle public; représentez-vous cette métropole du monde où chaque pas que l'on fait sur un pont, sur une place publique, rappelle quelque grand événement du passé, où chaque coin de rue a servi de théâtre à quelques épisodes historiques. Et, pour compléter cet ensemble, faites surgir devant vos yeux non pas ce Paris d'une époque de ténébreux osbcurantisme, mais bien le Paris du dix-neuvième siècle, dans lequel, depuis trois générations d'hommes, et grâce à des génies comme Molière, Voltaire, Diderot et leurs pareils, une telle abondance d'esprit a été mise en circulation que, sur la surface entière du globe, on n'en retrouverait plus autant en un seul point... Nous ne datons que d'hier. Sans doute, nous avons bravement perfectionné depuis un siècle, mais il faudra bien encore deux cents ans avant que l'esprit et le progrès intellectuel pénètrent et se généralisent chez les Allemands, pour qu'enfin l'on puisse dire à propos d'eux : « Du temps qu'ils étaient barbares !.... » *(Entretiens de Goëthe et d'Eckermann.)*

***

A peine émergeant du gouffre, la France a trouvé, dans une pratique immédiate , la forme gouvernementale la plus simple (en dehors du régime dictatorial) et à la fois la plus avancée et la plus honorable pour une démocratie. C'est le système de l'ancien amendement Grévy que l'Assemblée de 1848 n'a pas eu la sagesse d'adopter. On a beaucoup parlé du *virus bonapartiste* . Mais ce virus est demeuré latént à l'époque même des Révolutions de 1830 et 1848. Il a fallu les funestes journées de Juin pour en favoriser et développer l'éruption. La démagogie est la sœur aînée du césarisme. La vieille idolâtrie populaire n'aurait même pas eu assez de puissance pour faire sortir aux scrutins de décembre 1848 le nom de Napoléon. Elle y fut aidée par la coalition des partis les plus divers, les plus opposés, que la peur et la haine des anarchistes avaient jetés, par un faux calcul, dans les filets du conspirateur de Strasbourg et de Boulogne. Le parti républicain fournit un appoint sous la direction de M. Victor Hugo, dont le journal l'*Evénemcnt* était devenu, avec la *Presse* de M. de Girardin, la plus bruyante trompette du bonapartisme, et avec le concours de M. Crémieux, etc., etc. Sans doute, la forme actuelle contrarie la douce manie française : la soif d'une quarantième Constitution.

Mais elle ne déplaît assurément pas au gouvernement qu'elle a enfanté ; elle n'est pas antipathique aux fonctionnaires, et le reste de la nation commence à s'y habituer. Les gouvernements personnels que la France a renversés reviennent difficilement sur l'eau. Il n'est donc pas trop téméraire d'espérer que le grand coupable entre les gouvernements, l'Empire, restera enseveli dans le mépris public, son linceul. L'Assemblée nationale, en se corrigeant parfois elle-même, a contribué à prouver l'inutilité de la Chambre haute, inutilité que la Chambre haute elle-même a démontrée pendant de longues années. C'est lorsqu'elle était héréditaire que la Pairie eut seulement ses beaux jours, et il n'est plus question de revenir à l'hérédité de la Pairie. Quant au Sénat, Tiberius en personne blâma son incurie, sa fainéantise, son sommeil de plomb, lui reprochant obliquement, par lettre, dit Tacite, de rejeter sur le Prince tout le fardeau du gouvernement. A cette objurgation, qui parut tout au long dans le *Moniteur universel*, le Sénat répondit par la démission d'un sénateur trop susceptible, et il se remit à dormir, ne se réveillant guère que pour toucher de forts émoluments. Plus tard, lorsqu'il se décida à *travailler*, ce fut pour rouler de l'apothéose du plébiscite aux abîmes de la perdition.

En résumé, la République se maintiendra si le Gouvernement, se moralisant lui-même, sait se faire respecter en inaugurant le désintéressement absolu, la stricte justice, le puritanisme officiel des ministres uniquement occupés du service public ; si les députés sont des législateurs, et non plus les commissionnaires des intérêts privés ; elle se maintiendra surtout si le Radicalisme et la Commune veulent bien le permettre, c'est-à-dire si, par leur folie ou leur crime, ils ne forcent pas la France à se laisser tomber, pleine de dégoût plus encore que de terreur, dans les bras des dictatures militaires.

www.ingramcontent.com/pod-product-compliance
Lightning Source LLC
Chambersburg PA
CBHW061338060726
47596CB00003B/1314